MW00936853

If found, please contact:

_____

CELL PHONE

_____

EMAIL

abc

WEBSITE

USERNAME

PASSWORD

PASSWORD HINT

WEBSITE

USERNAME

PASSWORD

PASSWORD HINT

WEBSITE

USERNAME

PASSWORD

PASSWORD HINT

WEBSITE

USERNAME

PASSWORD

PASSWORD HINT

abc

WEBSITE

USERNAME

PASSWORD

PASSWORD HINT

WEBSITE

USERNAME

PASSWORD

PASSWORD HINT

WEBSITE

USERNAME

PASSWORD

PASSWORD HINT

WEBSITE

USERNAME

PASSWORD

PASSWORD HINT

abc

WEBSITE

USERNAME

PASSWORD

PASSWORD HINT

WEBSITE

USERNAME

PASSWORD

PASSWORD HINT

WEBSITE

USERNAME

PASSWORD

PASSWORD HINT

WEBSITE

USERNAME

PASSWORD

PASSWORD HINT

abc

WEBSITE

USERNAME

PASSWORD

PASSWORD HINT

WEBSITE

USERNAME

PASSWORD

PASSWORD HINT

WEBSITE

USERNAME

PASSWORD

PASSWORD HINT

WEBSITE

USERNAME

PASSWORD

PASSWORD HINT

abc

WEBSITE

USERNAME

PASSWORD

PASSWORD HINT

WEBSITE

USERNAME

PASSWORD

PASSWORD HINT

WEBSITE

USERNAME

PASSWORD

PASSWORD HINT

WEBSITE

USERNAME

PASSWORD

PASSWORD HINT

abc

WEBSITE

USERNAME

PASSWORD

PASSWORD HINT

WEBSITE

USERNAME

PASSWORD

PASSWORD HINT

WEBSITE

USERNAME

PASSWORD

PASSWORD HINT

WEBSITE

USERNAME

PASSWORD

PASSWORD HINT

abc

WEBSITE

USERNAME

PASSWORD

PASSWORD HINT

WEBSITE

USERNAME

PASSWORD

PASSWORD HINT

WEBSITE

USERNAME

PASSWORD

PASSWORD HINT

WEBSITE

USERNAME

PASSWORD

PASSWORD HINT

abc

WEBSITE

USERNAME

PASSWORD

PASSWORD HINT

WEBSITE

USERNAME

PASSWORD

PASSWORD HINT

WEBSITE

USERNAME

PASSWORD

PASSWORD HINT

WEBSITE

USERNAME

PASSWORD

PASSWORD HINT

def

WEBSITE

USERNAME

PASSWORD

PASSWORD HINT

WEBSITE

USERNAME

PASSWORD

PASSWORD HINT

WEBSITE

USERNAME

PASSWORD

PASSWORD HINT

WEBSITE

USERNAME

PASSWORD

PASSWORD HINT

def

WEBSITE

USERNAME

PASSWORD

PASSWORD HINT

WEBSITE

USERNAME

PASSWORD

PASSWORD HINT

WEBSITE

USERNAME

PASSWORD

PASSWORD HINT

WEBSITE

USERNAME

PASSWORD

PASSWORD HINT

def

WEBSITE

USERNAME

PASSWORD

PASSWORD HINT

WEBSITE

USERNAME

PASSWORD

PASSWORD HINT

WEBSITE

USERNAME

PASSWORD

PASSWORD HINT

WEBSITE

USERNAME

PASSWORD

PASSWORD HINT

def

WEBSITE

USERNAME

PASSWORD

PASSWORD HINT

WEBSITE

USERNAME

PASSWORD

PASSWORD HINT

WEBSITE

USERNAME

PASSWORD

PASSWORD HINT

WEBSITE

USERNAME

PASSWORD

PASSWORD HINT

def

WEBSITE

USERNAME

PASSWORD

PASSWORD HINT

WEBSITE

USERNAME

PASSWORD

PASSWORD HINT

WEBSITE

USERNAME

PASSWORD

PASSWORD HINT

WEBSITE

USERNAME

PASSWORD

PASSWORD HINT

def

WEBSITE

USERNAME

PASSWORD

PASSWORD HINT

WEBSITE

USERNAME

PASSWORD

PASSWORD HINT

WEBSITE

USERNAME

PASSWORD

PASSWORD HINT

WEBSITE

USERNAME

PASSWORD

PASSWORD HINT

ghi

WEBSITE

USERNAME

PASSWORD

PASSWORD HINT

WEBSITE

USERNAME

PASSWORD

PASSWORD HINT

WEBSITE

USERNAME

PASSWORD

PASSWORD HINT

WEBSITE

USERNAME

PASSWORD

PASSWORD HINT

ghi

WEBSITE

USERNAME

PASSWORD

PASSWORD HINT

WEBSITE

USERNAME

PASSWORD

PASSWORD HINT

WEBSITE

USERNAME

PASSWORD

PASSWORD HINT

WEBSITE

USERNAME

PASSWORD

PASSWORD HINT

ghi

WEBSITE

USERNAME

PASSWORD

PASSWORD HINT

WEBSITE

USERNAME

PASSWORD

PASSWORD HINT

WEBSITE

USERNAME

PASSWORD

PASSWORD HINT

WEBSITE

USERNAME

PASSWORD

PASSWORD HINT

ghi

WEBSITE

USERNAME

PASSWORD

PASSWORD HINT

WEBSITE

USERNAME

PASSWORD

PASSWORD HINT

WEBSITE

USERNAME

PASSWORD

PASSWORD HINT

WEBSITE

USERNAME

PASSWORD

PASSWORD HINT

ghi

WEBSITE

USERNAME

PASSWORD

PASSWORD HINT

WEBSITE

USERNAME

PASSWORD

PASSWORD HINT

WEBSITE

USERNAME

PASSWORD

PASSWORD HINT

WEBSITE

USERNAME

PASSWORD

PASSWORD HINT

ghi

WEBSITE

USERNAME

PASSWORD

PASSWORD HINT

WEBSITE

USERNAME

PASSWORD

PASSWORD HINT

WEBSITE

USERNAME

PASSWORD

PASSWORD HINT

WEBSITE

USERNAME

PASSWORD

PASSWORD HINT

ghi

WEBSITE

USERNAME

PASSWORD

PASSWORD HINT

WEBSITE

USERNAME

PASSWORD

PASSWORD HINT

WEBSITE

USERNAME

PASSWORD

PASSWORD HINT

WEBSITE

USERNAME

PASSWORD

PASSWORD HINT

ghi

WEBSITE

USERNAME

PASSWORD

PASSWORD HINT

WEBSITE

USERNAME

PASSWORD

PASSWORD HINT

WEBSITE

USERNAME

PASSWORD

PASSWORD HINT

WEBSITE

USERNAME

PASSWORD

PASSWORD HINT

jkl

WEBSITE

USERNAME

PASSWORD

PASSWORD HINT

WEBSITE

USERNAME

PASSWORD

PASSWORD HINT

WEBSITE

USERNAME

PASSWORD

PASSWORD HINT

WEBSITE

USERNAME

PASSWORD

PASSWORD HINT

WEBSITE

USERNAME

PASSWORD

PASSWORD HINT

WEBSITE

USERNAME

PASSWORD

PASSWORD HINT

WEBSITE

USERNAME

PASSWORD

PASSWORD HINT

WEBSITE

USERNAME

PASSWORD

PASSWORD HINT

jkl

WEBSITE

USERNAME

PASSWORD

PASSWORD HINT

WEBSITE

USERNAME

PASSWORD

PASSWORD HINT

WEBSITE

USERNAME

PASSWORD

PASSWORD HINT

WEBSITE

USERNAME

PASSWORD

PASSWORD HINT

jkl

WEBSITE

USERNAME

PASSWORD

PASSWORD HINT

WEBSITE

USERNAME

PASSWORD

PASSWORD HINT

WEBSITE

USERNAME

PASSWORD

PASSWORD HINT

WEBSITE

USERNAME

PASSWORD

PASSWORD HINT

jkl

WEBSITE

USERNAME

PASSWORD

PASSWORD HINT

WEBSITE

USERNAME

PASSWORD

PASSWORD HINT

WEBSITE

USERNAME

PASSWORD

PASSWORD HINT

WEBSITE

USERNAME

PASSWORD

PASSWORD HINT

jkl

WEBSITE

USERNAME

PASSWORD

PASSWORD HINT

WEBSITE

USERNAME

PASSWORD

PASSWORD HINT

WEBSITE

USERNAME

PASSWORD

PASSWORD HINT

WEBSITE

USERNAME

PASSWORD

PASSWORD HINT

jkl

WEBSITE

USERNAME

PASSWORD

PASSWORD HINT

WEBSITE

USERNAME

PASSWORD

PASSWORD HINT

WEBSITE

USERNAME

PASSWORD

PASSWORD HINT

WEBSITE

USERNAME

PASSWORD

PASSWORD HINT

jkl

WEBSITE

USERNAME

PASSWORD

PASSWORD HINT

WEBSITE

USERNAME

PASSWORD

PASSWORD HINT

WEBSITE

USERNAME

PASSWORD

PASSWORD HINT

WEBSITE

USERNAME

PASSWORD

PASSWORD HINT

mno

WEBSITE

USERNAME

PASSWORD

PASSWORD HINT

WEBSITE

USERNAME

PASSWORD

PASSWORD HINT

WEBSITE

USERNAME

PASSWORD

PASSWORD HINT

WEBSITE

USERNAME

PASSWORD

PASSWORD HINT

mno

WEBSITE

USERNAME

PASSWORD

PASSWORD HINT

WEBSITE

USERNAME

PASSWORD

PASSWORD HINT

WEBSITE

USERNAME

PASSWORD

PASSWORD HINT

WEBSITE

USERNAME

PASSWORD

PASSWORD HINT

mno

WEBSITE

USERNAME

PASSWORD

PASSWORD HINT

WEBSITE

USERNAME

PASSWORD

PASSWORD HINT

WEBSITE

USERNAME

PASSWORD

PASSWORD HINT

WEBSITE

USERNAME

PASSWORD

PASSWORD HINT

mno

WEBSITE

USERNAME

PASSWORD

PASSWORD HINT

WEBSITE

USERNAME

PASSWORD

PASSWORD HINT

WEBSITE

USERNAME

PASSWORD

PASSWORD HINT

WEBSITE

USERNAME

PASSWORD

PASSWORD HINT

mno

WEBSITE

USERNAME

PASSWORD

PASSWORD HINT

WEBSITE

USERNAME

PASSWORD

PASSWORD HINT

WEBSITE

USERNAME

PASSWORD

PASSWORD HINT

WEBSITE

USERNAME

PASSWORD

PASSWORD HINT

WEBSITE

USERNAME

PASSWORD

PASSWORD HINT

WEBSITE

USERNAME

PASSWORD

PASSWORD HINT

WEBSITE

USERNAME

PASSWORD

PASSWORD HINT

WEBSITE

USERNAME

PASSWORD

PASSWORD HINT

mno

WEBSITE

USERNAME

PASSWORD

PASSWORD HINT

WEBSITE

USERNAME

PASSWORD

PASSWORD HINT

WEBSITE

USERNAME

PASSWORD

PASSWORD HINT

WEBSITE

USERNAME

PASSWORD

PASSWORD HINT

mno

WEBSITE

USERNAME

PASSWORD

PASSWORD HINT

WEBSITE

USERNAME

PASSWORD

PASSWORD HINT

WEBSITE

USERNAME

PASSWORD

PASSWORD HINT

WEBSITE

USERNAME

PASSWORD

PASSWORD HINT

mno

WEBSITE

USERNAME

PASSWORD

PASSWORD HINT

WEBSITE

USERNAME

PASSWORD

PASSWORD HINT

WEBSITE

USERNAME

PASSWORD

PASSWORD HINT

WEBSITE

USERNAME

PASSWORD

PASSWORD HINT

WEBSITE

USERNAME

PASSWORD

PASSWORD HINT

WEBSITE

USERNAME

PASSWORD

PASSWORD HINT

WEBSITE

USERNAME

PASSWORD

PASSWORD HINT

WEBSITE

USERNAME

PASSWORD

PASSWORD HINT

pqr

WEBSITE

USERNAME

PASSWORD

PASSWORD HINT

WEBSITE

USERNAME

PASSWORD

PASSWORD HINT

WEBSITE

USERNAME

PASSWORD

PASSWORD HINT

WEBSITE

USERNAME

PASSWORD

PASSWORD HINT

pqr

WEBSITE

USERNAME

PASSWORD

PASSWORD HINT

WEBSITE

USERNAME

PASSWORD

PASSWORD HINT

WEBSITE

USERNAME

PASSWORD

PASSWORD HINT

WEBSITE

USERNAME

PASSWORD

PASSWORD HINT

pqr

WEBSITE

USERNAME

PASSWORD

PASSWORD HINT

WEBSITE

USERNAME

PASSWORD

PASSWORD HINT

WEBSITE

USERNAME

PASSWORD

PASSWORD HINT

WEBSITE

USERNAME

PASSWORD

PASSWORD HINT

pqr

WEBSITE

USERNAME

PASSWORD

PASSWORD HINT

WEBSITE

USERNAME

PASSWORD

PASSWORD HINT

WEBSITE

USERNAME

PASSWORD

PASSWORD HINT

WEBSITE

USERNAME

PASSWORD

PASSWORD HINT

pqr

WEBSITE

USERNAME

PASSWORD

PASSWORD HINT

WEBSITE

USERNAME

PASSWORD

PASSWORD HINT

WEBSITE

USERNAME

PASSWORD

PASSWORD HINT

WEBSITE

USERNAME

PASSWORD

PASSWORD HINT

pqr

WEBSITE

USERNAME

PASSWORD

PASSWORD HINT

WEBSITE

USERNAME

PASSWORD

PASSWORD HINT

WEBSITE

USERNAME

PASSWORD

PASSWORD HINT

WEBSITE

USERNAME

PASSWORD

PASSWORD HINT

pqr

WEBSITE

USERNAME

PASSWORD

PASSWORD HINT

WEBSITE

USERNAME

PASSWORD

PASSWORD HINT

WEBSITE

USERNAME

PASSWORD

PASSWORD HINT

WEBSITE

USERNAME

PASSWORD

PASSWORD HINT

pqr

WEBSITE

USERNAME

PASSWORD

PASSWORD HINT

WEBSITE

USERNAME

PASSWORD

PASSWORD HINT

WEBSITE

USERNAME

PASSWORD

PASSWORD HINT

WEBSITE

USERNAME

PASSWORD

PASSWORD HINT

stu

WEBSITE

USERNAME

PASSWORD

PASSWORD HINT

WEBSITE

USERNAME

PASSWORD

PASSWORD HINT

WEBSITE

USERNAME

PASSWORD

PASSWORD HINT

WEBSITE

USERNAME

PASSWORD

PASSWORD HINT

WEBSITE

USERNAME

PASSWORD

PASSWORD HINT

WEBSITE

USERNAME

PASSWORD

PASSWORD HINT

WEBSITE

USERNAME

PASSWORD

PASSWORD HINT

WEBSITE

USERNAME

PASSWORD

PASSWORD HINT

stu

WEBSITE

USERNAME

PASSWORD

PASSWORD HINT

WEBSITE

USERNAME

PASSWORD

PASSWORD HINT

WEBSITE

USERNAME

PASSWORD

PASSWORD HINT

WEBSITE

USERNAME

PASSWORD

PASSWORD HINT

stu

WEBSITE

USERNAME

PASSWORD

PASSWORD HINT

WEBSITE

USERNAME

PASSWORD

PASSWORD HINT

WEBSITE

USERNAME

PASSWORD

PASSWORD HINT

WEBSITE

USERNAME

PASSWORD

PASSWORD HINT

stu

WEBSITE

USERNAME

PASSWORD

PASSWORD HINT

WEBSITE

USERNAME

PASSWORD

PASSWORD HINT

WEBSITE

USERNAME

PASSWORD

PASSWORD HINT

WEBSITE

USERNAME

PASSWORD

PASSWORD HINT

stu

WEBSITE

USERNAME

PASSWORD

PASSWORD HINT

WEBSITE

USERNAME

PASSWORD

PASSWORD HINT

WEBSITE

USERNAME

PASSWORD

PASSWORD HINT

WEBSITE

USERNAME

PASSWORD

PASSWORD HINT

stu

WEBSITE

USERNAME

PASSWORD

PASSWORD HINT

WEBSITE

USERNAME

PASSWORD

PASSWORD HINT

WEBSITE

USERNAME

PASSWORD

PASSWORD HINT

WEBSITE

USERNAME

PASSWORD

PASSWORD HINT

stu

WEBSITE

USERNAME

PASSWORD

PASSWORD HINT

WEBSITE

USERNAME

PASSWORD

PASSWORD HINT

WEBSITE

USERNAME

PASSWORD

PASSWORD HINT

WEBSITE

USERNAME

PASSWORD

PASSWORD HINT

WEBSITE

USERNAME

PASSWORD

PASSWORD HINT

WEBSITE

USERNAME

PASSWORD

PASSWORD HINT

WEBSITE

USERNAME

PASSWORD

PASSWORD HINT

WEBSITE

USERNAME

PASSWORD

PASSWORD HINT

VWX

WEBSITE

USERNAME

PASSWORD

PASSWORD HINT

WEBSITE

USERNAME

PASSWORD

PASSWORD HINT

WEBSITE

USERNAME

PASSWORD

PASSWORD HINT

WEBSITE

USERNAME

PASSWORD

PASSWORD HINT

VWX

WEBSITE

USERNAME

PASSWORD

PASSWORD HINT

WEBSITE

USERNAME

PASSWORD

PASSWORD HINT

WEBSITE

USERNAME

PASSWORD

PASSWORD HINT

WEBSITE

USERNAME

PASSWORD

PASSWORD HINT

VWX

WEBSITE

USERNAME

PASSWORD

PASSWORD HINT

WEBSITE

USERNAME

PASSWORD

PASSWORD HINT

WEBSITE

USERNAME

PASSWORD

PASSWORD HINT

WEBSITE

USERNAME

PASSWORD

PASSWORD HINT

VWX

WEBSITE

USERNAME

PASSWORD

PASSWORD HINT

WEBSITE

USERNAME

PASSWORD

PASSWORD HINT

WEBSITE

USERNAME

PASSWORD

PASSWORD HINT

WEBSITE

USERNAME

PASSWORD

PASSWORD HINT

WEBSITE

USERNAME

PASSWORD

PASSWORD HINT

WEBSITE

USERNAME

PASSWORD

PASSWORD HINT

WEBSITE

USERNAME

PASSWORD

PASSWORD HINT

WEBSITE

USERNAME

PASSWORD

PASSWORD HINT

VWX

WEBSITE

USERNAME

PASSWORD

PASSWORD HINT

WEBSITE

USERNAME

PASSWORD

PASSWORD HINT

WEBSITE

USERNAME

PASSWORD

PASSWORD HINT

WEBSITE

USERNAME

PASSWORD

PASSWORD HINT

VWX

WEBSITE

USERNAME

PASSWORD

PASSWORD HINT

WEBSITE

USERNAME

PASSWORD

PASSWORD HINT

WEBSITE

USERNAME

PASSWORD

PASSWORD HINT

WEBSITE

USERNAME

PASSWORD

PASSWORD HINT

yz#

WEBSITE

USERNAME

PASSWORD

PASSWORD HINT

WEBSITE

USERNAME

PASSWORD

PASSWORD HINT

WEBSITE

USERNAME

PASSWORD

PASSWORD HINT

WEBSITE

USERNAME

PASSWORD

PASSWORD HINT

yz#

WEBSITE

USERNAME

PASSWORD

PASSWORD HINT

WEBSITE

USERNAME

PASSWORD

PASSWORD HINT

WEBSITE

USERNAME

PASSWORD

PASSWORD HINT

WEBSITE

USERNAME

PASSWORD

PASSWORD HINT

yz#

WEBSITE

USERNAME

PASSWORD

PASSWORD HINT

WEBSITE

USERNAME

PASSWORD

PASSWORD HINT

WEBSITE

USERNAME

PASSWORD

PASSWORD HINT

WEBSITE

USERNAME

PASSWORD

PASSWORD HINT

yz#

WEBSITE

USERNAME

PASSWORD

PASSWORD HINT

WEBSITE

USERNAME

PASSWORD

PASSWORD HINT

WEBSITE

USERNAME

PASSWORD

PASSWORD HINT

WEBSITE

USERNAME

PASSWORD

PASSWORD HINT

yz#

WEBSITE

USERNAME

PASSWORD

PASSWORD HINT

WEBSITE

USERNAME

PASSWORD

PASSWORD HINT

WEBSITE

USERNAME

PASSWORD

PASSWORD HINT

WEBSITE

USERNAME

PASSWORD

PASSWORD HINT

yz#

WEBSITE

USERNAME

PASSWORD

PASSWORD HINT

WEBSITE

USERNAME

PASSWORD

PASSWORD HINT

WEBSITE

USERNAME

PASSWORD

PASSWORD HINT

WEBSITE

USERNAME

PASSWORD

PASSWORD HINT

yz#

WEBSITE

USERNAME

PASSWORD

PASSWORD HINT

WEBSITE

USERNAME

PASSWORD

PASSWORD HINT

WEBSITE

USERNAME

PASSWORD

PASSWORD HINT

WEBSITE

USERNAME

PASSWORD

PASSWORD HINT

Made in the USA
Lexington, KY
24 January 2014